Oberschwaben

Politik als Kultur einer deutschen Geschichtslandschaft

Gesellschaft Oberschwaben

für Geschichte und Kultur

Sonderheft

Peter Blickle

OBERSCHWABEN

Politik als Kultur einer deutschen Geschichtslandschaft

bibliotheca academica Verlag

Die Deutsche Bibliothek – CIP-Einheitsaufnahme

Blickle, Peter:
Oberschwaben :
Politik als Kultur einer deutschen Geschichtslandschaft /
Peter Blickle. –
Tübingen : Bibliotheca-Academica-Verl., 1996
ISBN 3-928471-14-7

Satz: bibliotheca academica Verlag GmbH, Tübingen
Satzprogramm: TUSTEP
(Tübinger System von Textverarbeitungsprogrammen)

Einbandgestaltung: Jürgen Knubben, Rottweil

Druck: F. X. Stückle, Ettenheim
Bindearbeiten: Großbuchbinderei Spinner, Ottersweier
Gedruckt auf alterungsbeständigem, säurefreiem Papier

Den Deutschen wird nachgesagt, sie hätten eine geradezu unstillbare Sehnsucht nach dem Süden. Wer wollte das bezweifeln angesichts des hartnäckig sich haltenden politischen Bonmots, daß es neben den Fraktionen im Bundestag und in den Landtagen auch eine solche in der Toskana gäbe. »Es gibt im Unterland etwas diesem Südweh Vergleichbares, das sich auf Oberschwaben bezieht [...]. Es ist der Umstand, daß uns in dem Gau zwischen Donau und Bodensee ein Menschenbild zur Ausprägung gekommen zu sein scheint, in dem Züge der Humanität bewahrt werden konnten, die anderwärts geopfert werden mußten«. Das Urteil stammt von Carlo Schmid, und es ist, auch wenn es für eine Festrede, dem bekannten »Lob Oberschwabens« formuliert wurde, deswegen bedenkenswert, weil Carlo Schmid als einer der prominentesten Juristen, Politiker und Literaten der Nachkriegszeit eines sicher nicht getan hat – *Humanität* in einem bloß rhetorischen und umgangssprachlichen Sinn zu gebrauchen.

Humanität drückt sich in gesellschaftlichen Beziehungen aus, und insofern gesellschaftliche Beziehungen, wollen sie dauerhaft sein, zur politischen Institutionalisierung neigen, müßte sich die Humanität Oberschwabens, sollte es sie geben und gegeben haben, in dessen Politik ausdrücken. Folglich lege ich meinen Überlegungen als leitende Frage die These zugrunde – die Politik sei die Kultur Oberschwabens. Humanität ist immer etwas Gewachsenes, weit in die Geschichte Zurückreichendes. Folglich suche ich die Politik als Kultur Oberschwabens in seiner Geschichte.

Nichts ist heikler, als die Gegenwart aus der Geschichte zu erklären, namentlich in Deutschland, wo ganze Jahrhunderte im Verdacht stehen, nichts als Vorgeschichte des Dritten Reiches zu sein. Servile Untertanen und autoritäre Obrigkeiten werden dafür verantwortlich gemacht. Politische Geschichte mit Humanität zu verknüpfen, scheint unter solchen Perspektiven ein aberwitziges Vorhaben. Versuchen wir es dennoch.

Schon das Wort Oberschwaben gibt dem Thema Politik als Kultur einen zeitlichen Mantel. Oberschwaben als politischer Begriff verdankt sich einer Institution mit einem würdevollen Namen – der *kaiserlichen Reichslandvogtei Oberschwaben*. Sie entstand als Gründung König Rudolfs von Habsburg zur Verwaltung des Reichsguts im oberen Schwaben – 1274, und sie ging folglich mit dem Ende des Heiligen Römischen Reiches deutscher Nation unter – 1805. Der Landvogt vertrat die Interessen des Kaisers und des Reiches gegenüber dem Adel und den Klöstern, in den Städten und gegenüber den Freien Bauern, und er fand eine gerichtliche Stütze im *Kaiserlichen Landgericht auf Leutkircher Heide und in der Gepirsch*. So reichte Oberschwaben, staatlich und rechtlich gesprochen, von der Donau bis zum Bodensee und den Alpen, vom Schwarzwald bis hinüber an den Lech. Politisch entkernt, wie der Name Oberschwaben heute ist, fehlt ihm die Widerstandsfähigkeit gegenüber Verwaltungsneugliederungen, und er wird sich angesichts der Lust, neue Regionen zu schaffen, verlieren, es sei denn, er ließe sich zwingender begründen.

Ein politisch konsistenter Raum war Oberschwaben nur, solange es über diese Grenzen verfügte, und als solcher hat er die Mentalität der Menschen geprägt. Folglich spreche ich zunächst über Oberschwaben als politische Kulturlandschaft im Mittelalter und in der frühen Neuzeit.

Oberschwaben als politische Kulturlandschaft

Der aufgeklärte Zeitgenosse aus Hamburg, Spiegel und Zeit auf dem Rücksitz hinter sich und den Skiurlaub in seinem rustikalen Chalet in Davos vor sich, erinnert sich bei der Autobahnausfahrt Biberach, daß das ewig schwarz wählende Oberschwaben doch diesen Lichtblick Christoph Martin Wieland habe. Also fährt er in Biberach in die Saudengasse, findet Wielands Gartenhaus geschlossen (wie immer) und geht halb verärgert, halb interessiert durch einen flüchtigen Blick in den Baedeker (wenn man schon geparkt hat) den Steinwurf bis zum Spital, wird dort von zwei Bauten angezogen, den zwei Rathäusern, über denen die Pfarrkirche St. Martin steht, und hinaustretend auf den Marktplatz sieht er eine noch stattliche Befestigung zwischen Weißem Turm und Gigelturm. St. Martin: Chor 1337, Schiff 1366, zwei Rathäuser 1432, 1503, Stadtbefestigung 1474–1484, Spital nach 1516 – steht im Führer. Die Geschichte Oberschwabens beginnt *gotisch.* Sie beginnt gotisch in Ulm und in Memmingen, in Kaufbeuren und Ravensburg, in Wangen und in Lindau. Nicht nur architektonisch, sondern auch politisch hat sich die Zeit tief in die Region eingeprägt.

Gotik als kommunaler politischer Stil

Ein Jahr vor der Grundsteinlegung des Münsters in Ulm fand in der Stadt ein interessanter Vorgang statt. Weil »Unfrid [...] ane der gemaind gebott und gesetz nieman wol stillen noch schlichten mag«, so vermerkt das Rote Buch der Stadt Ulm zum Jahr 1376, hätten sich Handwerker und Bürger »mit gůten frien willen« vereinigt, und »zů den hailigen gelert aide gesworn [...], stett ze halten, [...] was ze fride richen und armen gemainlich« dienen mag. Die zwei großen Gruppen in der Stadt, die *Bürger* und die *Handwerker*, verpflichteten sich wechselseitig mit einem Eid, einen dauerhaften Frieden in der Stadt zu schaffen, und zwar mittels geeigneter Gesetze der Gemeinde. Die Initiative ging, wie sich aus dem Kontext ergibt, eindeutig von den Handwerkern aus, die Bürger wurden zu diesem Friedensbündnis eher gezwungen. Dahinter steht der soziale Sachverhalt, daß die Ulmer Bürger, die *cives*, 1376 eine kleine Gruppe darstellten, vornehmlich Patrizier und als solche adeligen Standes, vielfach verwandt und verschwägert mit dem Adel im oberschwäbischen Hinterland von Ulm.

Die Bürger, die Patrizier, die Adeligen in der Stadt mußten zum Frieden gezwungen werden, weil die Fehde, die militärische Durchsetzung von als legitim geltenden Rechtsansprüchen, ständig Unruhe und Verwüstungen in die Stadt brachte. 1376 wird die Fehde und jede andere Art von Gewalt als Mittel der Rechtsdurchsetzung in Ulm gebannt, an ihre Stelle tritt das Gericht. Konsequenterweise behandelt die erste Kohorte der Satzungen des Ulmer Stadtrechts ausschließlich Strafen gegen Friedbruch. Auf den Absprachen zwischen Handwerkern und Bürgern wurde schließlich 1397 der Ulmer Schwörbrief aufgebaut, der mit der Konstituierung und Funktionsabgrenzung von Bürgermeister, Großem Rat, Kleinem Rat und Gemeinde die erste geschriebene Verfassung der Stadt darstellt.

Durch den Eid der Bürger wurde die Stadt zu einer moralischen Person. Der Eid verpflichtete jeden Bürger persönlich, das ihm Mögliche zur Wahrung des Friedens in der Stadt beizutragen, und weil er Gott geleistet wird und seine Übertretung das Seelenheil gefährdet, ist der Eid freiwillig und individuell.

In allen oberschwäbischen Stadtrechten nehmen Friedensbestimmungen einen prominenten Platz ein, in den Städten

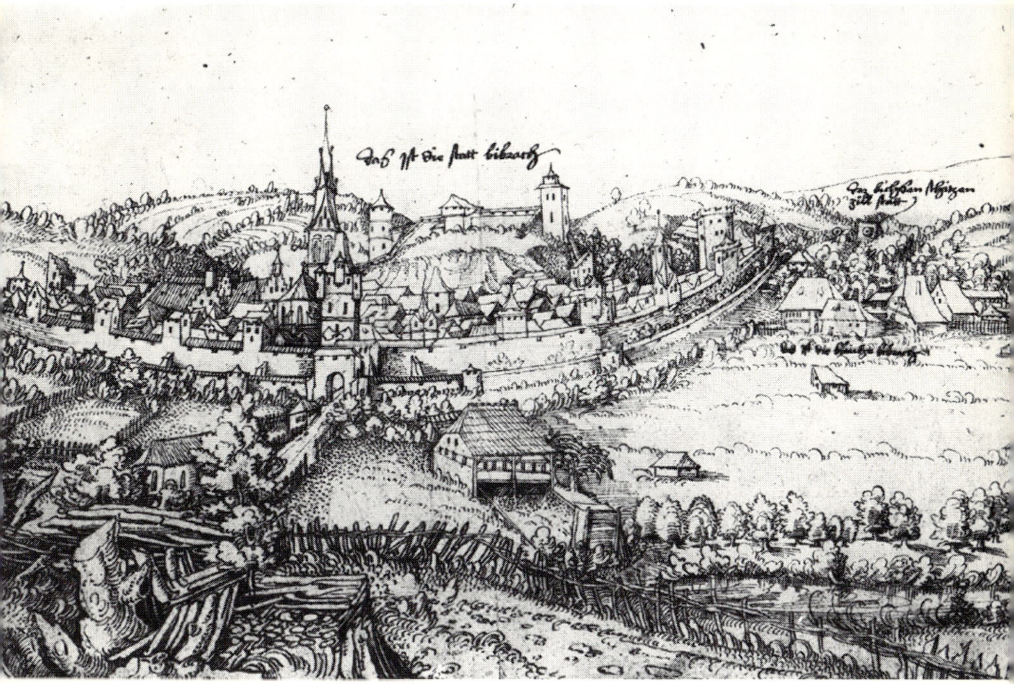
das ist die statt biberach

Abbildung 1

Biberach zeigt sich gotisch. Innerhalb der Stadtbefestigung liegen (von links nach rechts) das Spital, die beiden Rathäuser und die Pfarrkirche, am Berg die Befestigung mit Weißem Turm (links) und Gigelturm (rechts). Vor der Stadt die Bleiche und das Schützenhaus.

Bildvorlage: Federzeichnung von 1540. Original im Hauptstaatsarchiv Stuttgart, Bestand C3 Büschel 359.

wurden die Friedensartikel in Gemeindeversammlungen beraten und damit die Bürgerschaften an der Gesetzgebung insgesamt in hohem Maße beteiligt, wenigstens in den Städten mit Zunftverfassung, und dazu gehörten Augsburg, Biberach, Isny, Kaufbeuren, Kempten, Leutkirch, Memmingen, Nördlingen, Ravensburg, Ulm und Wangen. Mit Frieden und Gesetz und ihrer theatralischen jährlichen eidlichen Bestätigung am Schwörtag beginnt eine neue politische Kultur.

Die Stadt hat stark auf das Land ausgestrahlt. »Item ob aufrůr und zwytrachtikait« entstünden, steht in der Dorfordnung von Dieterskirch, »so soll ein jeder [...] zulaufen, dieselben helfen zu friden und recht bringen«. Jeder Bauer war für den Frieden in seiner Kommune verantwortlich. Und dies in zweifacher Weise: er hatte den Frieden zu stiften und notfalls die streitenden Parteien vor Gericht zu bringen, und zwar unter Einsatz seiner ganzen Person, und er hatte an der Urteilsfindung im Gericht mitzuwirken, wo der Friedbruch abgehandelt wurde, denn er konnte, wenn er in ein Richteramt gewählt wurde, ein solches nicht ablehnen. Beides konnte lebensgefährlich sein, denn die Zeiten waren gewalttätig und es dauerte lange, bis sich die Gerichte allmählich eine Autorität sichern konnten.

Wie der Stadt war auch dem Land eine kommunale Satzungstätigkeit nicht ganz fremd. In Fischbach im Burgauischen fand, ähnlich dem städtischen Schwörtag, jährlich am Weißen Sonntag die Gemeindeversammlung statt, in der Satzungen über die Holznutzung, die Weiderechte und die dörflichen Gewerbe gemacht und die dörflichen Ämter vergeben wurden. Gelegentlich wurden solche Gemeindebeschlüsse in eine schriftliche Form gebracht. Das Dorf Ingenried, unweit des Klosters Irsee gelegen, machte mit einer Urkunde bekannt, »das amman, gericht und ganze gemaind [...] nachfolgende ordnung und sazung in irem dorf zu halten furgenommen und aufgesetzt haben« und regelte damit die Dienstpflichten von Bader und Mesner.

Autonomie und Autokephalie (um mit Max Weber zu sprechen), eigene Gesetzgebung und Verwaltung, waren unterschiedlich weit gezogen. Es gab ein deutliches Gefälle von der Reichsstadt zum Dorf, aber es gab doch strukturelle Ähnlichkeiten, verstärkt durch die starke Durchdringung von Stadt und Land durch das Handwerk auf dem Dorf und die Ackerbürger in der Stadt, durch den Erwerb von Höfen und Dörfern durch die Städte, ihre Spitäler und Bürger. Durch das Bürgerrecht, das die Bauern in den Städten als Ausbürger oder Pfahlbürger genießen konnten, entstanden enge verwandtschaftliche Beziehungen zwischen Stadt und Land, wie auch durch den immensen Bedarf der Städte an Arbeitskräften. Es hat zeichenhafte Funktion, daß die Eglofser Freien das Stadtrecht von Lindau erhielten und die Dörfer und Weiler auf der Leutkircher Heide als korporativer Verband ein Burgrecht mit der Stadt Wangen abschließen konnten und die Bauern in der bald üblichen Formel »der gemain mann oder burger« auch begrifflich näher an die Städter rückten.

Gotik als politischer Stil heißt, den Alltag selbst verwalten. Es gab auch das Außeralltägliche, für die Städte den Kaiser und das Reich, für die Bauern die adeligen Herren und die Prälaten, ihre Grund-, Leib- und Gerichtsherren mit ihren legitimen Ansprüchen auf Abgaben, Dienstleistungen und Gehorsamsbezeugungen. Aus dem schwer überbrückbaren Gegensatz zwischen den neu erstandenen kommunalen und den herkömmlichen feudalen Strukturen erklären sich die Erschütterungen der Region am Ende des Mittelalters und zu Beginn der Neuzeit.

Revolution als politische Renaissance

Seit mindestens 30 Jahren schwelte der Konflikt zwischen den Äbten von Kempten und den Allgäuer Bauern, als diese im Januar 1525 den Kaufbeurer Stadtschreiber überreden konnten, ihre individuellen Klagen gegen das Kloster zu protokollieren. »Hans Hiemer zu Lego«, heißt eine der Beschwerden, »ist ein fryer man gewesen hat zu der Ehe genomen Barbara mullerin daselbst, die ist leib aigen gewesen, dem ist der kirchganng verpotten worden, bis er sich auch leibaigen gemacht«. Ein Freier heiratet eine Leibeigene des Klosters, und er und seine Frau werden von ihrem geistlichen Herrn, dem Abt, mit dem Kirchenbann belegt, bis Hiemer auf seine Freiheit verzichtet. »Leibeigenschaftsrodel« heißt diese in Deutschland einmalige Quelle unter Historikern seit langem, die mehr als 1000 Fälle von Standesminderungen dokumentiert. Vermutlich nicht zufällig stellten die Kemptener den harten Kern des Allgäuer Haufens im Bauernkrieg von 1525.

Als sich im Januar und Februar an die 10 000 Bauern bei Baltringen sammelten, ritten Gesandte der Herren von Ulm zu ihnen hinaus und schlugen vor, die Beschwerden, die sie vorzubringen hätten, vor dem Reichskammergericht zu verhandeln, immerhin die nobelste Adresse unter den Gerichten im Reich. Roman Herzog hat noch in seiner Eigenschaft als Präsident des Bundesverfassungsgerichts in einem Festvortrag das Reichskammergericht gewürdigt, aber auch darauf hingewiesen, daß es »an die breite Vertrauensbasis, auf der wir [die Bundesverfassungsrichter, P. B.] heute stehen, nicht entfernt denken konnte«. So war es in der Tat, denn der Führer der Baltringer Haufens, Huldrich Schmid, wollte weder vom Reichskammergericht noch von irgendeinem Gericht etwas wissen. Für ihn war das alte Recht gekränkt, das Herkommen verletzt, die Billigkeit außer Kraft gesetzt. Folglich verlangte er als Bewertungsmaßstab »das gottlich recht, das iedem stand ußspricht, was im gebürt zu thůn oder ze lassen«. Das gesamte geltende Recht, aber auch die Beschwerden der Bauern selbst, sollten einer Verträglichkeitsprüfung durch die Heilige Schrift unterzogen werden.

Dazu mußte man die Beschwerden erst einmal sammeln, vergleichen, generalisieren und systematisieren. Das geschah im März 1525 in Memmingen in der Kramerzunftstube. Rund

Abbildung 2

Der Abt und die Mönche des Klosters Weißenau fliehen vor den aufständischen Bauern 1525 aus ihrem Kloster in den Schutz der benachbarten Reichsstadt Ravensburg.

Rechts im Vordergrund (2) redet der Anführer der aufständischen Klosteruntertanen, Stephan Rahl, auf die Bauern ein. Unten links (3) reitet der Abt in Begleitung eines Berittenen auf die Stadt zu. Oben (4) fliehen sechs Mönche in die Stadt. Das Bild vereinigt mehrere, zeitlich auseinanderliegende Szenen.

Kolorierte Federzeichnung aus Jacob Murers Weißenauer Chronik des Bauernkriegs von 1525.

Bildvorlage: Original im Fürstlich Waldburg-Zeil'schen Gesamtarchiv, Schloß Zeil, Signatur: ZAMs 54.

fünfzig delegierte Bauern von den drei Haufen um Baltringen, im Allgäu und am Bodensee waren gekommen. Am Abend des 8. März waren zwei Papiere im wesentlichen verabschiedet, die Zwölf Artikel und eine Bundesordnung. Die Zwölf Artikel sind, gekleidet in die Form von Beschwerden, das revolutionäre Programm von 1525, die Bundesordnung skizziert eine künftige Verfassung.

Das Programm fokussiert in zwei Forderungen – die Freiheit soll hergestellt und die dörfliche Autonomie erweitert werden.

Es sei »zum Erbarmen«, daß man sie für »aigen Leüt gehalten«, »angesehen das uns Christus all mit seinem kostparlichen Plůtvergüssen erlößt und erkauft hat«. Darum ergebe sich aus der Schrift, »das wir frei seien«. Und es gehöre sich, daß die Gemeinde den Pfarrer wähle, die Wälder und Allmenden verwalte und gegebenenfalls die Belastbarkeit der Güter prüfe. Die so gestärkten Gemeinden sollten nach dem Verfassungsentwurf der Bundesordnung die Basis der drei Haufen darstellen, jeder Haufe bestimmte vier Räte und einen Obersten als Repräsentativorgane der Gemeinden, die drei Obersten stellten gewissermaßen das Regiment, und die zwölf Räte bildeten das Parlament. Zur Republik war es jedenfalls nur noch ein kleiner Schritt. Das zeigt, daß die Freiheitsforderung durchaus politisch gemeint war.

Das war der Reformation geschuldet, die seit den 1520er Jahren unter dem Schlagwort »das reine Evangelium« zu einer Massenbewegung wurde, gerade in Oberdeutschland, die Schweiz eingeschlossen. Zu Luthers theologischen Schlüsselbegriffen gehörte »die Freiheit«, Zwingli in Zürich predigte von der »göttlichen Gerechtigkeit«, die man in der Politik und im Recht durchsetzen müsse. Beide hatten mit ihren Predigten, Büchern und Flugschriften Erfolge, von denen selbst heute Bestseller-Autoren träumen können. Allein im Jahr vor dem Bauernkrieg verlegte Martin Luther 346 Titel. Anhänger der alten Kirche galten als absolut gestrig, mußten sich oft grobe Beschimpfungen und gelegentlich auch Mißhandlungen gefallen lassen.

Transzendentale Repräsentation als Figuration des Absolutismus

Es kann heute als gesichert gelten, daß sich in Oberschwaben mindestens 90% aller Bauern am Aufstand beteiligten, und die Führungsrolle hatten nicht die Jungen und die Armen, sondern die Haus- und Familienväter und jene, die etwas in der Gemeinde zu sagen hatten. Dieser Umstand macht die militärische Niederwerfung zu einem moralischen Problem. Kaiser Karl V. rühmte Georg III. Truchseß von Waldburg, er habe sich »ritterlich, dapfer und wol bewiesen und gehalten, das deshalben im gemelten unserm Heiligen Romischen Reich [...] die gotlichen, christlichen und loblichen Satzungen, Ordnungen, Recht und Billichait [...] widerbracht und erhalten worden«. Philipp Melanchthon sekundierte in seinem Gutachten über die Zwölf Artikel für den Kurfürsten von der Pfalz, »es wer von Nötten, das ein solch wild, ungezogen Volk als Teutschen sind, noch weniger Freiheit hette, dann es hat«.

Die Niederlage, der Mißerfolg, die Demütigung, die Enttäuschung wirkten verheerend. 1525 hat die Reformation die Bauern als Anhänger verloren, aber die römische Kirche hat davon nicht profitiert. Religion und Frömmigkeit brachen völlig zusammen.

Das 16. Jahrhundert war in Oberschwaben das Jahrhundert der Waldburger. Das Haus konnte dem militärischen Sieg Georgs viele politische hinzuzählen, aus der Herrschaft Zeil wurde ein Reichslehen, aus den Truchsessen wurden Reichserbtruchsessen, Fundamente wurden gelegt, die schließlich zur Reichsgrafen- und, wenn auch spät, zur Reichsfürstenwürde führten. Die fortifikatorischen Renaissanceschlösser in Wolfegg und Zeil, beide um 1600 gebaut, repräsentieren geradezu maßstäblich die politische Macht, und es ist kaum zufällig, daß jetzt auch die Geschichte des Hauses mythologisch überhöht wurde. »Zue Zeiten Kaiser Constantini des ersten

Dye Grundtlichen Vnd rech-
ten haupt Artickl/ aller Baur-
schafft vnd Hyndersessen der
Gaistlichen vnd Weltli-
chen oberkaytē/ von
wölchen sy sich
beschwert ver-
mainen.

Bl. A3b

Der drit artickel.

Bl. A4a

Zům dritten / Ist der brauch byßher gewesen das man Esaie. 53.
vns für jr aigenleüt gehalten haben wölch zů erbarm 1. Petri. 1.
en ist / angesehē das vns Christus all mitt seynem kost= 1. Cho. 7.
parlichen plůt vergüssen / erlößt vnnd erkaufft hat /
Den Hyrtten gleych alls wol alls Den höchsten / kain Roma. 13.
auß genommē / Darumb erfindt sich mit der geschrifft Sapien. 6
das wir frey seyen vnnd wöllen sein / Nit das wir gar 1. Petri. 2.
frey wöllen seyn / kain oberkait haben wellen / Lernet
vnß Gott nit / wir sollen in gepotten leben nit yn freyem Deut. 6.
fleyschlichen můt wilen. Sonder got lieben jn als vn= Math. 4.
sern Herren. jn vnsern nechsten erkennen / vnnd alles Luce. 4.
das so wyr auch gern hetten / das vnns Got am nacht Luce 6.
mal gepotten hat zů ainer letz / darumb sollen wir nach Math. 5.
seinem gepot leben zaigt vnd weißt vns diß gepot nit an Johan. 13.
das wir der oberkait nit korsam seyē / nit allain der ob=
erkait / sunder wir sollen vns gegen jederman diemüti=
gen / das wir auch geren gegen vnser erwelten vnd ge= Roma. 13.
setzten oberkayt (so vns von Got gesetzt) jn allen zim=
lichen vnd Christlichen sachen geren gehorsam sein / sey Actuū. 5.
en auch onzweyfel jr werdendt vnß der aigenschafft als Ain Christliche erbiettung.
war vnnd recht Christen geren endtlassen oder vns jm
Euangeli des berichten das wirß seyen.

Abbildung 3

»Dye Grundtlichen Vnd rechten haupt Artickl/ aller Baurschafft vnd Hyndersessen der Gaistlichen vnd Weltlichen oberkaytē/ von wölchen sy sich beschwert vermainen« heißt der vollständige Titel der bald kurz »Zwölf Artikel« genannten Beschwerden der oberschwäbischen Bauern, die im März 1525 erstmals, wohl in der Druckerei von Melchior Ramminger in Augsburg, veröffentlicht wurden.

Die Abbildung auf der Vorderseite zeigt das Titelblatt der Zwickauer Ausgabe von Jörg Gastel (ebenfalls 1525). Oben der dritte der Zwölf Artikel, der die Freiheit und die Aufhebung der Leibeigenschaft fordert (Bl. A3b/A4a).

Bildvorlage: Original in der Bibliothek der Kirchenkanzlei der Evangelischen Kirche der Union in Berlin, Signatur: Refschr. 1503.

regiert Inn Swaben Herzog Rumelius/ alls ain fürst des Lands/ der hett ainen getrewen vnnd fromben diener/ Gebharrt genant/ dem gab er das Schloß Walltpurg sampt der Herrschafft«. Die eben neu eröffnete, renovierte Waldburg ist, wie man sieht, gewissermaßen eine Konstantinische Schenkung aus dem 4. Jahrhundert. So haben vor vierhundert Jahren Historiker Geschichte geschrieben.

Die politischen Eliten Oberschwabens, die Waldburger, die Fugger und die Habsburger, waren sich einig im Ziel, den konfessionellen Optionen des Kaisers strikt zu folgen und dem Protestantismus möglichst keinen Raum zu gönnen. Die Gefahr, daß die mit Städten verburgrechteten Klöster wie Ochsenhausen oder Buxheim säkularisiert und damit deren Untertanen protestantisch werden würden wie in Württemberg, Hessen und Sachsen, wurde lediglich durch die volle Ausnützung der Reichsrechte verhindert. Der habsburgische Landvogt pochte auf die Oberhoheit gegebenüber den Klöstern ebenso wie der Kaiser auf seine gegenüber den Reichsstädten. Sie sollen »solch stinkend Böck ausrotten«, schrieb der Leutkircher Johannes Fabri als Rat König Ferdinands und Bischof von Wien an seine Heimatgemeinde und meinte damit die Lutheraner. So blieb dem Luthertum nur wenig Entfaltungsspielraum in den Reichsstädten und der nur in stark begrenzter Form.

Ansonsten waren der oberschwäbische Adel und die Habsburger fundamental uneinig. Die Habsburger haben wohl nie ganz ihre Vorstellung preisgegeben, das alte Herzogtum Schwaben wieder zu errichten und ihre geschlossenen Besitzkomplexe in Tirol und dem Elsaß zu überbrücken, und zwar mittels der Landvogtei Schwaben, deren Vögte sie seit 1452 stellten. Das ist nicht zuletzt am Widerspruch der Waldburger gescheitert. »Es ist«, schrieb 1755 einer der besten Kenner Oberschwabens, Johann Richard Wegelin, »eine Reichs-Creyß und Acten-kündige Sache, was gestalten Fürsten und Stände des Schwäbischen Creyses mit dem höchst löblichen Ertzhaus Österreich, seit deme die Kayserliche und Reichs Landvogtey in Schwaben und mit derselben das Frey Kayserliche Landtgericht auf Leutkircher Haid und in der Gepürß als ein Reichs-Pfandschafft an höchstgedachtes Ertzhaus erwachsen, in fast unendliche Zerwürffnuß und Strittigkeit zerfallen«. Das *unendliche Zerwürfnis* hat Oberschwaben nachhaltig geprägt. Ihm ist so die Kleinkammerigkeit erhalten geblieben.

Das schiere tägliche Ringen um einen kleinen konfessionellen Vorteil vergiftete den Alltag. Die verheerenden Religionskriege, die schließlich Deutschland, Frankreich und England überziehen sollten, sahen umsichtige Zeitgenossen schon früh voraus. In seinem »Discurs und bedenken über jetzigen stand und wesen des hailigen Reichs, unsers lieben vaterlands« riet Lazarus von Schwendi 1570, vielleicht belehrt durch die Erfahrungen in seiner Heimat, es sei nicht »thunlich, das ain thail den andern außrotte«, vielmehr wäre »ein leidliche tollerantz am pest, frid und einigkeit im dem geliebten vaterland zu erhalten«. Seine Vorschläge für eine Pazifizierung des Reiches haben nichts gefruchtet. Erst als die bittere Erfahrung des Dreißigjährigen Krieges als Religionskrieg schließlich europäischen Ausmaßes gemacht worden war, wurden 1648 die konfessionellen Besitzstände reichsrechtlich dauerhaft festgelegt und mögliche Konflikte auf diese Weise minimalisiert. Jetzt, in einer längeren friedlichen Zeit mit einer prosperierenden Wirtschaft, konnte sich auch in Oberschwaben wie andernorts in Europa der Absolutismus entfalten.

Heute prägt er als Barock, als Baustil, als Kunst, als Ästhetik die Landschaft. Im 17. und 18. Jahrhundert war er viel mehr, nämlich Herrschaftsstil. Der Absolutismus in Europa ruht auf dem Stehenden Heer, einer neuen Verwaltung durch Bürokratie, einer neuen Staatsfinanzierung durch Steuern, einer Nivellierung der Stände zu Untertanen und auf einer unglaublich aufwendigen Repräsentation am Hof. Der Absolutismus in Oberschwaben ruht nur auf Repräsentation. Die Reichsprälaten repräsentieren mit Gott. Ihr Absolutismus ist transzendental. Die Kuppel über dem Kreuzaltar in Ottobeuren verknüpft das mystische Geschehen der Wandlung auf

Abbildung 4

Das reichsprälatische Oberschwaben repräsentiert mit Gott und Kaiser. Ein Kaisersaal gehört oft zu den Prunkräumen eines Klosters. In Ottobeuren schmücken die Kanzel in der Basilika Putten mit den kaiserlichen Insignien Krone, Reichsapfel, Szepter und betonen so die Nähe der Benediktinerabtei zu Kaiser und Reich.

Bildvorlage: Gerhard Spahr, Oberschwäbische Barockstraße. Bd. 3. Weingarten 1980.

dem Altar über die herabstürzenden Fluten des Lichts mit dem Himmel. Oberschwäbischer Barock ist hier Transsubstantiations-Architektur. Als solche mußte sie die zu geringen ökonomischen und politischen Mittel zur Ausweitung der weltlichen Macht ersetzen. Das legt ein vergleichender Blick auf das nicht minder katholische Frankreich nahe. Dort ist die kirchliche Architektur von klassizistischer Einfachheit – ohne Formen- und Farbenreichtum, ohne Deckenfresken und Stuckmarmor und ohne kompliziert geschwungene Fassaden. Repräsentiert wird in Frankreich im Schloß von Versailles. Transsubstantiations-Architektur hingegen baut das kleinstaatliche Europa – Italien, Franken und eben Oberschwaben.

Sakrale und sinnliche Frömmigkeit gehören seitdem zum Wesen Oberschwabens. Die Veralltäglichung dieser Frömmigkeit erfolgte symbolisch dadurch, daß selbst die alten Hofnamen durch Heiligennamen ersetzt werden. In Klosterterritorien wie Buxheim, aber auch in den kleinen Adelsherrschaften Kronburg oder Boos, erhielten die Höfe im 18. Jahrhundert Heiligennamen. Die stattlicheren Heiligen wie St. Michael und St. Martin waren für die großen Höfe mit um die 100 Tagwerk reserviert, die Selden mußten sich mit kleinen Heiligen begnügen, St. Quartillus, St. Anselm oder St. Stanislaus – »wie im Himmel, so auf Erden«. Überall ging es himmlisch und irdisch gleichermaßen zu, und das mag erklären, weshalb manche der Einheimischen den Oberschwaben eine »heitere Moralität« zuschreiben und nicht nur Spötter im Putto das Logo der Oberschwaben sehen.

Weil der Absolutismus sich in Oberschwaben ganz sakral gibt, hat er die Gesellschaft kaum umgebaut und neue Verwaltungsformen kaum geschaffen. Die Verwaltung des Alltags im Dorf blieb kommunal, wie sie es schon im 16. Jahrhundert gewesen war. Jeder Bauer hat – so zeigen exemplarische Untersuchungen – in seinem Leben mindestens einmal ein dörfliches Amt als Richter, Vierer oder Ammann ausgeübt. Es gab lange Amtszeiten, aber keine Ämterhäufung. Die Würde des Amtes korrespondierte mit dem Ansehen des Hofes, doch bildeten sich keine Oligarchien heraus, im Gegenteil, die Seldner waren immer an der kommunalen Politik beteiligt. Amtseide waren im Dorf wie in der Stadt üblich und verpflichteten die Bürgermeister und Ammänner, die Räte und Vierer, die Richter in der Stadt und auf dem Land, »dem gemeinen Wesen« zu dienen, alle »bei ihren wohlhergebrachten Rechten, Gerechtigkeiten und Freiheiten [zu] handhaben«, den gemeinen Nutzen zu födern und den Schaden von der Gemeinde zu wenden.

Neben die kommunale trat als oberschwäbische Eigenheit eine landschaftliche Verwaltung. Sie ist die Folge einer Rationalisierung konkurrierender Interessen von Bauern und ihren Herren um 1500. Der Hintergrund ist rasch erklärt. Die Arbeitsteilung zwischen Stadt und Land mußte eine marktorientierte Landwirtschaft hervorbringen, erstmals ließ sich mit Akkerbau und Viehwirtschaft wirklich etwas verdienen. Die Stadt hatte einen unstillbaren Bedarf an Arbeitskräften, und damit gab es auch für Bauern erstmals alternative Lebensweisen. Für beides fehlten eindeutige rechtlichen Regulierungen – Erbschaften waren nicht vorgesehen und Freizügigkeit auch nicht, was zu viel Streit, Konflikten und schließlich Unruhen führte. Jetzt wurde das geregelt, vermittelt durch Kaiser oder Herzöge und deren Beauftragte. Als solche hatten die Bürgermeister der Städte, die Äbte der Klöster und die Adeligen der Region an ihnen einen namhaften Anteil. In Klosterherrschaften wie Ochsenhausen, Kempten, Rot, Schussenried, Weingarten und Ursberg, teils auch in den Adelsherrschaften der Waldburger und der Montforter, entstanden Vereinbarungen, die dauerhaft die Rechtsform der Höfe, das Erbrecht, das Familienrecht und das Eherecht festlegten. Oberschwäbisches Privatrecht wurde so geschaffen, das es bislang nicht gegeben hatte. Es war gewiß differenziert von Herrschaft zu Herrschaft, aber es war einheitlich insofern, als es die Arbeit mehr achtete und belohnte als bisher. Der Reichtum Oberschwabens beruht nicht nur auf den Bonitäten seiner Böden, sondern auf der politischen Vernunft seiner Menschen.

Insofern die Bedingungen für alle Untertanen einer Herrschaft galten und als bilaterale Verträge in feierlicher Form urkundlich ausgefertigt wurden, machten sie aus den Untertanen Korporationen, sie nannten sich Landschaften. Sie hatten über die Einhaltung der Verträge zu wachen, denn sie galten als unkündbar, was ihnen verfassungsähnlichen Rang gab, doch weil gleichzeitig oft auch die Aufteilung der Reichssteuern zwischen Herrschaft und Untertanenschaft geregelt wurden, verfestigte sich der institutionelle Charakter der Landschaften. Steuern brauchen einen festen organisatorischen Rahmen, sollen sie ordentlich verwaltet werden. So wuchs der Radius der landschaftlichen Aktivitäten, und es verfeinerte sich der organisatorische Aufbau. Die Kemptener Landschaft hatte schließlich einen Kassier und sieben Ausschüsser und in jeder Gemeinde zwei Deputierte, und alle leisteten einen Amtseid, dafür zu sorgen, daß den alten zwischen Kloster und Landschaft geschlossenen Verträgen »der mindeste abbruch nicht geschehe, sondern starcklich nachgelebt werde«, und sie versprachen »alles das jenige [zu] thuen und verbindlich [zu] handlen, was des gesamten Landt Nuzen und Wolfart erfordert. Gleichergestalten in sehr wichtigen Landts Angelegenheiten dem Landt die Eröffnung darvon [zu] thuen, und solche in gemeinsambe Überleg- und Berathschlagung [zu] ziehen«. Funktional ähneln heutige Kreistage den alten Landschaftsversammlungen. Zur praktischen Arbeit gehörten das Einziehen der Steuern und schließlich bankähnliche Geschäfte, von denen auch die einheimische Bevölkerung profitierte. Zum Teil wurde über die Landschaften die Vereinödung finanziert. Gelegentlich unterhielten die Landschaften auch kleine Polizeitruppen, bestellten und besoldeten Lehrer und Ärzte.

Oberschwaben hat sein Profil dadurch gewonnen, daß es im Vergleich zu den anrainenden großen Staaten Österreich, Württemberg und Bayern politisch kleinkammerig blieb. Das Fehlen einer zentralen Macht förderte die Gleichwertigkeit der Stände, und die Kleinheit der Räume erleichterte das politische Experimentieren.

Ausstrahlungen

Seine Strahlkraft verdankt der Föderalismus in Europa heute nicht nur der bloßen Respektierung des Fremden und Anderen, sondern dessen ausdrücklicher Anerkennung und Wertschätzung. Daraus hat Deutschland nicht nur seine kulturelle Vielfalt, sondern auch seinen kulturellen Reichtum gezogen. Oberschwaben hat zu diesem Reichtum dadurch beigetragen, daß andere Regionen seine politische Kultur so faszinierend fanden und das schon seit dem späten Mittelalter.

Oberschwabens Ausstrahlung ist zunächst wirtschaftlich. Es ist die Belieferung internationaler Messen und Märkte mit den Erzeugnissen des Fleißes städtischer Handwerker, teils auch des ländlichen Gewerbes. Biberacher Barchent ging nach Antwerpen, London, Prag, Wien, Barcelona, Valencia, Genf und Lyon, die Erzeugnisse des Kunsthandwerks – und Oberschwaben war seit der Romanik ein Zentrum der deutschen Kunst – finden sich bis an die Grenze des Welschlands im Trentino und im Simmental. Im Bereich der Malerei und Plastik macht Hans Multscher aus Leutkirch den Auftakt in Sterzing – Dutzende von Kirchen in Österreich und der Schweiz werden mit Altären aus Schwaben bestückt –, und mit den Arbeiten am Grabmal Kaiser Maximilians I. in Innsbruck kommt die schwäbische Kunst zu einem ihrer Höhepunkte. Beim Kaiser liefen Beschwerden ein, man solle auch andere beschäftigen, »dass nit allbeg die Schwaben [...] allein berühmt werden«.

Spricht man von Politik als Kultur, dann ist der wichtigste Exportartikel des Spätmittelalters aus Oberschwaben der Friede. Immer wieder und immer aufs neue haben die Städte versucht, den gerichtlichen Austrag von Rechtsansprüchen nicht

Abbildung 5

Mit Aufträgen des Kaisers bedacht wurde der in Kaufbeuren arbeitende Bildhauer Hans Kels. Der Spielstein gehört zu einem 1537 gefertigten Brettspiel für König Ferdinand und zeigt Samson und Delila und im Hintergrund eine Stadtansicht von Kaufbeuren.

Original: Kunsthistorisches Museum, Wien. Bildvorlage: Wolfgang Petz, Reichsstädte zur Blütezeit 1350 bis1550. Kempten: Verlag für Heimatpflege 1989.

nur innerhalb ihrer eigenen Stadtmauern durchzusetzen, sondern ihn zu generalisieren, erst in ihrer unmittelbaren Nachbarschaft, dann für Oberschwaben insgesamt und schließlich darüber hinaus. Der Schwäbische Städtebund von 1376, um nur eines dieser vielen Bündnisse herauszugreifen, umfaßte 14 Städte, darunter Ulm, Konstanz, Überlingen, Ravensburg, Wangen, Buchhorn, Biberach, Isny, Leutkirch, Lindau und Memmingen. Als Defensiv- und Friedensbündnis bildete er ein eigenes Friedensgericht aus und einen eigenen Bundestag.

Mit ihrem ganzen ökonomischen Gewicht versuchten die Städte, den Frieden durchzusetzen, in immer neuen Anstrengungen, bis endlich Kaiser Maximilian auf dem Reichstag in Worms 1495 den Ewigen Reichslandfrieden verkünden konnte. Die Befriedung der politischen Binnenräume gehört zu den größten Kulturleistungen Europas überhaupt. Man darf vermuten, daß der Friede, wie auch in Spanien und in Frankreich, ohne den Druck der Städte nicht zustandegekommen wäre, und da Oberschwaben zu den Regionen mit der größten Städtedichte im Reich gehört – allein ein Drittel der Reichsstädte lag hier – kommt ihm ein großes Verdienst für den Frieden zu. »Pax et iustitia osculentur se«, gerechtes Urteil und Frieden sollen sich umarmen, dieser Wahlspruch auf dem Deckenfresko des Sitzungssaals im Leutkircher Rathaus memoriert noch im 18. Jahrhundert die normativen Grundlagen des Zuammenlebens städtischer Bürgerschaften.

Erst der Reichslandfriede macht der Fehde endgültig ein Ende – jener heute schwer verständlichen, im Mittelalter aber legitimen Durchsetzung von Rechtsansprüchen unter Adeligen mittels Brandstiftung und Raub, unter denen die Bauern und die Dörfer noch mehr zu leiden hatten als die Bürger und die Städte. Jetzt mußte auch der Adel seine Rechtsansprüche vor Gericht vertreten, wozu eingens das Reichskammergericht geschaffen wurde. Wie dringend das war, belegen allein die bis heute nachgewiesenen 37 Fehden, die im Allgäu geführt wurden.

Das heroische Zeitalter Oberschwabens sind die 1520er Jahre, und sein Held ist der »gemeine Mann«. Das revolutionäre Programm von 1525 ist in Form der Zwölf Artikel in Oberschwaben geschrieben worden. Sie sind in 28 Auflagen in Augsburg und Magdeburg, Würzburg und Speyer, Konstanz und Straßburg, Erfurt und Regensburg, Breslau und Nürnberg erschienen; sie wurden 1526 in Speyer auf dem Reichstag von den Kurfürsten, Fürsten und Reichsstädten beraten; ihre Vorentwürfe liegen unter den Staatspapieren Heinrichs VIII. in London.

»Es erfindt sich mit der geschryfft das wir frey sein«, ist die revolutionäre Botschaft der Zwölf Artikel. *Die Freiheit* ist unverzichtbar, weil sie Gottes Schöpfungswillen entspricht, deswegen legitimiert sich diese Forderung auch »mit der geschryfft«. »That all men are by nature equally free and independent and have certain inherent rights« – dieser kardinale Satz der Bill of Rights vom 12. Juni 1776, auf dem die westlichen Demokratien ideologisch gründen, legitimiert die Freiheit jedes Individuums naturrechtlich. Das ist auch das Argument der Oberschwaben. Das göttliche Recht – so heißt in der Redeweise der Zeit das Naturrecht – schreibt dem Menschen Freiheit zu, und zwar jedem, »mans vnd weibspild«, wie es in einem Vorentwurf zu den Zwölf Artikeln heißt.

Nur wo das »Pathos des Neubeginns vorherrscht und mit Freiheitsvorstellungen verknüpft ist, haben wir das Recht, von Revolution zu sprechen«, war die Überzeugung Hannah Arendts, der wir eines der klügsten Bücher zum Problem der Revolution in der Weltgeschichte verdanken. Freiheit gehört seit Aristoteles zu den Leitbegriffen aller politiktheoretischen Debatten in Europa und dient allen großen sozialen Bewegungen als Motor. Solange die gescheiterte »Revolution von 1525« im historischen Bewußtsein Deutschlands nicht den gleichen Rang einnimmt wie die gleichfalls gescheiterte »Revolution von 1848«, ist die deutsche Geschichte verfälscht.

Abbildung 6

Zu den Mitteln der Fehde gehörten Brandstiftung, schwerer Diebstahl und Mord, mit denen man dem Gegner schaden und ihn zur Anerkennung des eigenen Rechtsanspruchs zwingen wollte. Die Abbildung zeigt, unter dem mit eingelegter Lanze am Himmel reitenden Kriegsgott Mars, in der rechten mittleren Bildhälfte einen adeligen Knecht, der das Vieh aus dem Dorf treibt (Raub), auf gleicher Höhe auf der linken Seite einen Knecht, der ein Haus in Brand steckt (Brandstiftung) und unten links die Ermordung eines Mannes. Kriegführung und Fehdeführung unterschieden sich nicht.

Federzeichnung aus dem Hausbuch des Truchsessen von Waldburg vom Ende des 15. Jahrhunderts.

Bildvorlage: Das mittelalterliche Hausbuch, hrsg. von Helmuth Th. Bossert und Willy F. Storch. Leipzig 1912 (Exemplar der UB Tübingen).

Die politisch gemeinte Freiheitsforderung hat den massiven Widerspruch Martin Luthers und der Reformatoren gefunden. Damit wird sie zu einem Katalysator der gesamten neueren deutschen Geschichte.

»Es soll kein Leibeigener sein, weil uns Christus hat alle befreiet, was ist das«?, fragt Luther die Oberschwaben rhetorisch in seiner »Ermanunge zum fride auff die zwelff artikel der Bawrschafft ynn Schwaben«. »Das heisst christliche Freiheit ganz fleischlich machen«, lautete seine Antwort. Freiheit – ein Schlüsselbegriff von Luthers Theologie und des Selbstverständnisses des Luthertums bis heute – ist eine solche, die befreit vom kirchlichen Dogma, vom römischen Kirchenrecht und von der Herrschaft des Papstes. Das Evangelium kann keine politische Freiheit begründen.

Christliche Freiheit und politische Freiheit standen sich seitdem im Wege, wie nirgends sonst in Europa. Die Italiener und die Engländer hatten schon im 13. und 14. Jahrhundert die Leibeigenschaft faktisch beseitigt, die Spanier als letzte 1486, und immer hatte dabei das Argument, unter Christen verbiete sich das Rechtsinstitut der Leibeigenschaft, eine legitimierende Rolle gespielt.

Die *transzendentale Repräsentation* des Absolutismus stieß, kaum daß sie sich voll entfaltet hatte, auf das schiere Unverständnis der Aufklärung. In Oberschwaben, meinte ein Reiseschriftsteller 1778, »sind die Menschen von einer häßlichen Gestalt. Ihre Sitten sind arm und einfältig [...]. Zur Unterdrükkung gebohren, erhebt sich ihr Geist nicht, welcher durch das Elend in der Unwissenheit, und durch die Unwissenheit im Elend [gehalten wird]«.

Der aufklärerische Blick des Weltbürgers des 18. Jahrhunderts, flüchtig und arrogant wie er war, fand nichts Faszinierendes mehr an Oberschwaben. Man mußte ein Einheimischer sein, um das anders zu sehen. Verpackt in den bizarren Prozeß um das Eigentum am Schatten eines Esels, hat Christoph Martin Wieland dem aufgeklärten Publikum der deutschen Klassik mit Witz, Charme und Ironie erklärt, was republikanischer Geist sei. Der Vorfall spielt in der Republik Abdera, die von Germanisten und Historikern längst als Biberach identifiziert ist, aber auch manche andere Stadt in Oberschwaben sein könnte. Ein Zahnarzt und ein Eselstreiber streiten darum, ob man für einen gemieteten Esel einen Aufpreis dann verlangen dürfe, wenn man sich mangels Bäumen in den Schatten des Esels setze, um sich vor der Sonne zu schützen. Der skurrile Konflikt passiert alle Institutionen in Abdera, Stadtgericht, Senat und Großen Rat und endet schließlich in einem homerischen Gelächter bei der endlichen Gerichtsverhandlung auf dem Marktplatz, als der Gegenstand des Streits, der Esel nämlich, den streitenden Parteien buchstäblich abhanden kommt.

Die Geschichte der Abderiten als Kritik des republikanischen Regiments zu lesen, wäre verfehlt. Keine der Institutionen wird lächerlich gemacht, keiner der Amtsinhaber verhält sich unkorrekt, der Spott gilt vielmehr dem ins Extrem getriebenen Individualismus der Zeit, der Eigentumsansprüche schon am Schatten geltend macht, und er gilt den Priestern der beiden in Abdera beheimateten Kulte, die den Prozeß mißbrauchen, um ihre Macht zu sichern und zu steigern. Zwei Kulte, zwei Konfessionen in einer Stadt führen dazu, daß der Republik abhanden kommt, was sie zur Republik macht, die Tugend der Bürger. Wielands Kritik ist gut aufklärerisch Religionskritik, und sie trifft besonders scharf jenen zölibatär lebenden Erzpriester in Abdera, der an seinem Kult mehr die Repräsentation schätzt als das Dogma. Schärfer hätte Wieland kaum zum Ausdruck bringen können, daß der oberschwäbische republikanische Geist politisch in die Zukunft weist, der barock-repräsentative hingegen nicht.

Mit Wieland beginnt die reflexive Rückbesinnung auf die Geschichte Oberschwabens, von der jetzt abschließend noch zu sprechen ist.

Ermanunge zum
fride auff die zwelff
artikel der Bawr-
schafft ynn
Schwaben.

Mart. Luther
Wittemberg.
1525.

Bl. E1a **Auff den dritten Artickel.**

Es soll keyn leybeygener seyn/weyl vns Christus
hat alle befreyet. Was ist das? das heysst Christ
liche freyheyt gantz fleyschlich machen. Hat nicht
Abraham vnd ander Patriarchen vnd Propheten
auch leybeygen gehabt? leset S. Paulen was er
von den knechten/wilche zu der zeyt alle leybeygen
waren/leret. Drumb ist dieser artickel stracks wid-
der das Euangelion vnd reubisch/Da mit eyn ig-
licher seynen leyb/so eygen worden ist/seynem her-
ren nympt/ Denn eyn leybeygener kan wol Chri-
sten seyn vnd Christliche freiheyt haben/gleich wie
eyn gefangener odder krancker Christen ist / vnd
doch nicht frey ist. Es will dieser artickel alle men-
schen gleich machen/vnd aus dem geystlichen reich
Christs eyn welltlich eusserlich reich machen/wil-
chs vnmüglich ist/ Denn welltlich reich kan nicht
stehen wo nicht vngleicheyt ist ynn personen/das
etliche frey seyn/etliche gefangen/etliche herren/et-
liche vnterthan &c. Wie S. Paulus sagt Gal. 5. das
ynn Christo/herr vnd knecht eyn ding sey. Dauon
Bl. E1b hat meyn herr vnd freund Vrban Regius wol vnd
gnug geschrieben/da magstu weytter lesen.

Abbildung 7

Mit einer »Ermanunge zum fride auff die zwelff artikel der bawrschafft ynn Schwaben« beantwortete Martin Luther die Forderungen der Bauern.

Die Abbildung auf der Vorderseite zeigt das Titelblatt der Ausgabe von Josef Klug in Wittenberg von 1525. Oben Luthers Antwort auf den dritten der Zwölf Artikel.

Bildvorlage: Original in der Herzog August Bibliothek in Wolfenbüttel, Signatur: 127.22 Theol. 4° (2).

Ramberg del.

Heyda! schrie ein Kesselflicker,
Wer ein braver Abderit ist, über den Esel her

Abbildung 8

»Deutlicher scheint mir für den späteren Wieland«, schrieb Theodor Heuß in der Biberacher Festschrift zum 200. Geburtstag von Christoph Martin Wieland 1933, »jener urbane Eifer, zu verstehen und zu helfen, eine pädagogische Humanität, sehr bürgerlich, sehr optimistisch«.

Bei der Gerichtsverhandlung über den rechtmäßigen Eigentumsanspruch am Schatten des Esels auf dem Marktplatz von Abdera wird der Prozeßgegenstand, der Esel, von der aufgebrachten Volksmenge zerrissen. Hinter der Abschrankung die entsetzten Mitglieder des zu Gericht sitzenden »Rates der Vierhundert«, die gleich in ihr »homerisches Gelächter« ausbrechen werden.

Kupferstich von Johannes Heinrich Lips nach einer Zeichnung von Johann Heinrich Ramberg als Illustration zu: C. M. Wieland, Sämmtliche Werke, Bd. 20, Leipzig 1796.

Bildvorlage: Wieland-Archiv in Biberach a. d. Riß.

Oberschwaben im kollektiven Gedächtnis des 19. und 20. Jahrhunderts

»Am Anfang war Napoleon«, ist heute ein geflügeltes Wort in der deutschen Geschichtswissenschaft, das den Bruch markieren soll, der das moderne Deutschland von dem Heiligen Römischen Reich deutscher Nation trennt. In wenigen Landschaften war er tiefer als in Oberschwaben. Niemand hatte eine zustimmende, begründende Antwort auf die Frage, weshalb die Klöster säkularisiert, der Adel standes- und staatsrechtlich gleichgestellten Häusern wie Württemberg oder Wittelsbach unterstellt, aus Ravensburg eine Oberamtsstadt und aus Memmingen eine bayerische Stadt II. Classe werden mußten. Die Integrationsprozesse waren schwierig und kompliziert, von Mißverständnissen und Ressentiments geprägt. »Lieber Sauhirt in der Türkei, als Standesherr in Württemberg«, gehört zu den drastischen Aussprüchen, deren sich Fürst Konstantin von Waldburg-Zeil gerne bediente. In die Türkei ist er dennoch nicht verzogen. Die Oberschwaben haben eine Zeitlang ihre Identität aus der Abgrenzung gegenüber Stuttgart und München gezogen, doch insofern diese Abgrenzung immer eine solche von angeblich Unterlegenen, Mißverstandenen, Zukurzgekommenen und – um es scharf zu sagen – Kolonialisierten war, ließ sich daraus kein tragfähiges Bewußtsein entwickeln. Identität muß bejahend sein, soll sie persönlich bereichern.

Der Weg, den Deutschland in den letzten zwei Jahrhunderten bis zum Grundgesetz der Bundesrepublik durchmessen hat, ist begleitet von einer faszinierenden intellektuellen Auseinandersetzung um die richtige Form von Gesellschaft und Staat. Erstaunlicherweise ist dabei Oberschwaben bemerkenswert häufig ein kritischer und positiver Referenzpunkt.

Als Deutschland 1848 seine Revolution probte, konnte der Rückbezug auf den Bauernkrieg gar nicht ausbleiben. Nutzanwendungen für die praktische Politik wurden gesucht und Parallelen für die theoretische Verarbeitung der Revolution. »Es ist an der Zeit«, schrieb Friedrich Engels zwei Jahre nach der 1848er Revolution, »dem deutschen Volke die ungefügen, aber kräftigen und zähen Gestalten des großen Bauernkriegs wieder vorzuführen«, der für ihn mit den Zwölf Artikeln und dem ersten Burgenbruch in Oberschwaben begann. Am Bauernkrieg als einem großen historischen Stoff haben Engels und Marx erstmals ihre Geschichtsphilosophie erprobt und daraus den gewaltsamen Fortgang des weltgeschichtlichen Prozesses von einer Gesellschaftsformation in die andere durch Revolutionen entwickelt und den Zusammenhang von Basis und Überbau freigelegt. Ihrer Einschätzung, daß nur Thomas Müntzers Theologie als angemessene theoretische Verarbeitung der bäuerlichen Forderung verstanden werden könne, verdankt man heute das in Frankenhausen stehende Bauernkriegsdenkmal Werner Tübkes, das als eines der meistbesuchten Denkmäler der neuen Bundesländer und dank seiner künstlerischen Ausstrahlung auf Jahrzehnte weltweit den Irrtum befestigen wird, das Zentrum dieser Revolution sei Thüringen gewesen, während der Umstand in Vergessenheit geraten wird, daß sich hier die Regierung der DDR für 50 Millionen Mark ein Denkmal setzen wollte.

Es bedarf jedoch des revolutionären Bezugs nicht, um im Bauernkrieg einen Epocheneinschnitt zu sehen. Kurz vor der Schaffung des Deutschen Reiches 1870 erschien der erste Band von Otto Gierkes monumentalem Werk »Das deutsche Genossenschaftsrecht«. Für ihn begann 1525 eine neue »Periode«, die als Absolutismus aber nur vorübergehend überlagern konnte, was im 19. Jahrhundert wieder mächtig zum Vorschein kam, ein der deutschen Geschichte eigener Zug zur Freiheit, der für ihn auch die Letztbegründung des Bauernkriegs darstellt. Denn er steht in der Kontinuität und ist gleichzeitig der Endpunkt einer geschichtlichen Epoche, die

Abbildung 9

»Flora über dem Mord« wird in den Interpretationen dieses Bild genannt, das Bestandteil von Werner Tübkes Panoramabild in Bad Frankenhausen in Thüringen ist. Das Panorama, ursprünglich »Frühbürgerliche Revolution in Deutschland« geheißen, wurde 1987 fertiggestellt. Der kompliziert verschlüsselte symbolistische Realismus Tübkes greift immer auf Bildvorlagen des 15. und 16. Jahrhunderts zurück, hier ausnahmsweise auf eine Vorlage aus dem Hausbuch des Truchsessen (vgl. Abbildung 6). Ansonsten ist das Bildprogramm, wohl auch bedingt durch die wissenschaftliche Beratung seitens der Universität Leipzig, ganz auf die Ereignisse in Thüringen und Sachsen ausgerichtet.

Öl auf Leinwand. Ausschnitt aus einem Gemälde von rund 1600 m^2 Gesamtfläche.

Bildvorlage: Günter Meißner und Gerhard Murza [Hrsg.], Werner Tübke. Bauernkrieg und Weltgericht. Leipzig: E. A. Seemann Verlag 1995.

durch Genossenschaften geprägt war, Städte und Städtebünde, ländliche Gemeinden und Eidgenossenschaften, Einungen und Landschaftsbildungen, die immer willentliche und freiwillige Assoziationen von Menschen zur Verwirklichung ihrer Interessen und Wertvorstellungen waren. Insofern ermangelten für Gierke auch die Ziele des Bauernkriegs, »wie sie in den 12 fast von allen aufständischen Haufen angenommenen Artikeln formuliert waren, [...] weder historischer noch innerer Berechtigung«.

Gierke, wegen seiner republikanischen Gesinnung im Kaiserreich von den Konservativen mächtig gescholten, wurde dennoch einer der großen, einflußreichen Juristen. Ihm verdankt das heute noch geltende Bürgerliche Gesetzbuch, das am 1. Januar 1900 in Kraft trat, seine soziale Kompenente, beispielsweise im Arbeitsrecht, und atmet so etwas von jenem genossenschaftlichen Geist, von dem Gierke meinte, er sei ein wesentlicher und erhaltenswerter Bestandteil einer Jahrhunderte alten deutschen Rechtskultur. Es waren in erheblichem Maße seine Schüler, welche die Verfassungsdiskussion in Weimar geprägt haben, und in dieser Debatte kam dann auch nochmals die spätmittelalterliche Stadt und insbesondere die süddeutsche Reichsstadt zu Wort, namentlich durch Konrad Beyerle, der in der Nationalversammlung geltend machte, daß es »positive geschichtliche Vorbilder der neuzeitlichen Grundrechte« gebe und sie in den mittelalterlichen Städten suchte.

Als vor 20 Jahren auf Schloß Reisensburg die Commission internationale pour l'histoire des assemblées d'états mit der Bayerischen Akademie der Wissenschaften Juristen, Politologen und Historiker aus aller Welt zu einem Kongreß über den modernen Parlamentarismus und seine Grundlagen in der ständischen Repräsentation lud, wurden auch die Landschaften Oberschwabens und des oberdeutschen Raumes als eigenständiger Typus der europäischen parlamentarischen Tradition gewürdigt. Richard Löwenthal, renommierter Politologe an der Freien Universität Berlin und einer der führenden Theoretiker der Deutschen Sozialdemokratie der Nachkriegszeit, hat, aufbauend auf diesen Debatten, Gemeinsamkeiten des modernen Parlamentarismus und der landständischen und landschaftlichen Versammlungen herausgearbeitet. Gemeinsam ist beiden das Prinzip der Repräsentation. In ihm »ist der Gedanke enthalten, daß zur Legitimität der Regierung der Konsens der Regierten zu Regierungsform und Regierungsentscheidung gehört und daß dieser Konsens durch Repräsentation vermittelt wird«. Gemeinsam ist beiden auch das Prinzip des institutionellen Pluralismus, das heißt »die Einsicht, daß die offene Vertretung von Teilinteressen und ihr Kompromiß in die Bestimmung dessen ein[geht], was als Gemeinwohl erkannt und anerkannt wird«. Es macht keinen großen Unterschied, ob diese Interessen wie heute zwischen Regierung und Parteien oder wie früher zwischen Obrigkeiten und Ständen ausgetragen werden. Nur dort habe sich eine repräsentative Demokratie dauerhaft etablieren können, das ist Löwenthals Überzeugung, wo sie direkt oder indirekt in landständischen Traditionen wurzelt.

Das Interesse an der Geschichte wird immer von der Gegenwart und ihren ungelösten Problemen bestimmt. Folglich ist es nicht verwunderlich, daß Deutschland in den großen gesellschafts- und staatstheoretischen Debatten der letzten zwei Jahrhunderte angesichts einer (trotz Rückschlägen) fortschreitenden Demokratisierung immer korrespondierende historische Traditionen gesucht hat. Viel hat man offenbar nicht gefunden, denn der heute geforderte Verfassungspatriotismus bezieht sich auf ein Grundgesetz, dessen Grundlagen, die Menschen- und Freiheitsrechte einerseits und die repräsentative Demokratie andererseits, als endliche Aneignung der kulturellen Leistungen Frankreichs und Englands interpretiert werden. »Im Gegensatz zu Deutschland seien England und Frankreich nicht nur für den eigenen Staat, sondern immer auch für eine Idee wie Freiheit oder Zivilisation eingetreten [...]. Das Problem der Deutschen sei es, daß Deutschland nichts über sich selbst hinaus vertrete«. So läßt Martin Walser seinen Beamten Stefan Fink über »die Sprache historischpolitischer Bildung« des von ihm sogenannten »Frankfurter Stadt-Adels« witzeln. Wer so redete, lästert Stefan Fink weiter, »war sofort von den schlimmsten deutschen Erbschaften befreit, der zeigte hinreißend schön, daß er das Zeug zum Mehralsdeutschen hatte. Und genau das war jetzt die Voraussetzung für Zurechnungsfähigkeit«.

Martin Walser gilt in Deutschland heute als konservativ, aber vielleicht ist er nur oberschwäbisch. Ihm will offenbar nicht einleuchten, daß Deutschland nichts zu bieten habe als servile Untertanen und autoritäre Obrigkeiten. Die Auffassung teilen mit ihm Wieland, Engels, Gierke, Beyerle und Löwenthal, und es ist sicher nicht zufällig, daß sie alle so oft auf Oberschwaben und ähnlich verfaßte Räume der Kleinstaatlichkeit in Süddeutschland verweisen.

Was Oberschwaben als deutsche Geschichtslandschaft kulturell hervorgebracht hat, ist eine in Jahrhunderten befestigte Tradition von frühen Formen des Kommunalen, des Republikanischen und des Parlamentarischen. In dieser Tradition wurzelt seine Humanität. Das Alltägliche entschieden die Bauern und die Bürger in ihrer Gemeinde, subsidiär amtete über ihr die adelige oder klösterliche Herrschaft und über diesen der Kaiser und das Reich.

Da Geschichtsbewußtsein heute politische Entscheidungen prägt wie selten, wäre es nicht verkehrt, solche Traditionen in den Landschaften stolz zu vertreten, die mit Recht auf sie verweisen können. Man schmälert die Verfassung der Bundesrepublik nicht, wenn man ihren Erfolg zu einem kleinen Teil auch historisch begründet, und man dient Europa, wenn man zeigt, daß Subsidiarität von unten nach oben geht und nicht umgekehrt.

Die regionale Methode, mit der hier Geschichte und Kultur rekonstruiert wurden, könnte ein nützliches Konzept werden, die Vergangenheit auf neue Weise umfassender zu erschließen, die Herkunft der Gegenwart präziser zu beschreiben und die Zukunft optimistischer zu entwerfen.